P I E R R E

DESPROGES

Les étrangers sont nuls

Dessins originaux d'Édika

Grand Livre du Mois

ISBN 2-02-019135-0

PRÉFACE

TU PEUX FAIRE ÇA ?
PEUH... JE PEUX FAIRE MIEUX

ET ÇA LÀ... COMME ÇA ? REGARDE, TU PEUX LE FAIRE ?
BOAH FACILE

ET COMME ÇA...
GNNNNNRFRG
HIGNNN
VOILA
COMME ÇA?
HIGNNNN
ÇA VA
COMME ÇA?

ET ÇA ? WAHHAHAAY
ET YOUPPIII
JE PARIE QUE T'ES PAS FICHU DE FAIRE COMME ÇAAAA
JE T'AI EU YEU JE T'AI YEU
WAHHAHAAA

T'ES FOU? C'EST RIEN REGARDE
C'EST NUL
C'EST NUL

OUI MAIS COMME ÇA ALORS JE SUIS SÛR CETTE FOIS QUE T'ES PAS CAPABLE DE ME

PAF!
M'EMMERDE CE TYPE À LA FIN, MOI QUAND JE PAYE 16 Francs POUR ACHETER "LUI", C'EST POUR TROUVER DES BELLES RECETTES DE CUISINE ET PAS DES CONNERIES PAREILLES
CON CE MEC
AÏE !¿!
MAIS?!
J'IRAI PAS VOIR TON WANE MAN SHOW, JE PRÉFÈRE DONNER CET ARGENT AUX TÉMOINS DE JÉHOVAH

LES ANGLAIS

L'Anglais est appelé ainsi à cause de ses traits anguleux. C'est pourquoi les Anglais sont tous des angulés. Tandis que le porc, lui, est un ongulé comme le Français.

Alors que le porc et le Français sont omnivores, l'Anglais mange du gigot à la menthe, du bœuf à la menthe, du thé à la menthe, voire de la menthe à la menthe.

Non content de faire bouillir les viandes rouges, l'Anglais fait cuire les vierges blanches, telle Jeanne d'Arc qui mourut dans la Seine-Maritime et dans les flammes en lançant vers Dieu ce cri d'amour : « Froid, moi ? Jamais, grâce à Thermolactyl Damart. Thermolactyl Damart, l'autre façon d'être une sainte. »

Les deux caractéristiques essentielles de l'Anglais sont l'humour et le gazon. Sans humour et sans gazon, l'Anglais s'étiole et se fane, et devient creux comme un concerto de Schönberg, je pense notamment à ses quatuors à cordes dont l'atonalité fondée sur la méthode sérielle nous brise les couilles.

L'Anglais tond son gazon très court, ce qui permet à son humour de voler au ras des pâquerettes.

Comment reconnaître l'humour anglais de l'humour

français ? L'humour anglais souligne avec amertume et désespoir l'absurdité du monde. L'humour français se rit de ma belle-mère.

En dehors des heures d'humour, on peut reconnaître l'Anglais à son flegme. Qu'est-ce que le flegme ? Dans son époustouflant *Britannicus* (1669), Jean Racine nous montre comment son héros continue imperturbablement de lire l'*Osservatore Romano*, tandis que Néron lui donne des coups de pied dans le phlegmon. D'où l'expression.

Exemples de flegme britannique :

1) Quand une bombe de cent mille mégatonnes tombe dans sa tasse de thé, l'Anglais reste plongé dans son journal et dit : « Hum, ça se couvre. »

2) Quand il se met à bander, l'Anglais reste dans sa femme et dit : « Hum, ça se lève. »

Les Irlandais sont-ils anglais ?

Bien sûr, à ce détail près que les Irlandais sont les seuls Anglais qui sont gais comme un Italien quand il sait qu'il aura de l'amour et du vin. Et pourtant, les Irlandais, ça mange pas de pain.

Les Anglais ont-ils un chef ?

Bien sûr, imbécile. Sinon ce seraient des animaux. Le chef des Anglais s'appelle Madame de Fer. De même que

Madame Polystyrène est expansée, Madame de Fer est inflexible. Elle ne bouge pas, ne plie pas, ne cille pas. Même quand son mari Gaston la baise, Madame de Fer ne bouge pas. Nous sommes là en présence d'un cas d'inflexibilité tout à fait étonnant, qui n'est pas sans rappeler celui de Mirabeau n'en sortant que par la volonté du peuple ou la force des baïonnettes.

L'Anglais est-il une créature de Dieu ?

Certes. Nous sommes tous des créatures de Dieu. L'agnelet qui va au ruisseau est une créature de Dieu. Même la hyène et le chacal chafouin sont des créatures de Dieu.

HEAVEN! MAILLE HAZBEUNED
WHAT A SUBTILE JOURNÉE IZINE TITE?
YOU SON OF A BITCHE, YOU HAVE OSED GARED YOUR VOITURED ON MY PELOUSE ?!
HOW MANY SUGARS DO YOU WANT IN YOUR CUP OF TEA?

LES IRLANDAIS

Les Irlandais sont appelés ainsi en hommage à Jean-Baptiste Irlandon, qui découvrit l'Irlande en 426 après Jésus-Christ et lui donna son nom pour faire son intéressant avec les filles.

Jusqu'à la fin du VIIIe siècle, l'Irlande était bourrée d'hérétiques bourrés et de brutes vulgaires dont le cuir velu et la démarche de nageuse est-allemande répandaient la terreur sur la lande ingrate où soufflait l'âpre vent du nord.

Mi-homme, mi-socialiste, l'Irlandais moyen de ces temps honnis se distinguait du loup-garou par son ample barbe rousse, sa culotte de velours et ses yeux quelconques. D'une rusticité invraisemblable, il chassait le bébé phoque à la scie sauteuse, vivisectionnait les brontosaures à des fins mercantiles et se livrait sur les aigles royaux à des manipulations copulatoires et autres attouchements fébriles que la morale réprouve. A la nuit tombée, il poussait un immonde cri de bête avant de s'enfoncer dans sa grotte insalubre où il morigénait sa femme, éventrait ses enfants et lisait le journal *Le Monde* pour un oui pour un non.

En 793, le pape Bornibus 007, un très beau pape normal avec un anus naturel, s'alarma de cette situation anarcho-préhistorique dans laquelle croupissait l'Irlande. Il fit venir Patrick Toutcourt, qui allait devenir saint Patrick, et lui ordonna d'aller évangéliser ces contrées tout entières livrées à l'obscurantisme athée.

Sous des dehors d'ours bourru, Patrick cachait en réalité un vrai cœur de fumier pourri. Il eut tôt fait d'amener ces sauvages brumeux dans le sein de l'Église à coups de crucifix dans la gueule, et devint le patron de l'Irlande sans en avoir l'Eire. C'est en hommage à cette conversion librement consentie de tout un peuple que tous les Irlandais s'appellent Patrick, sauf ma gomme qui s'appelle Reviens, mais elle est arabique.

Aujourd'hui, il y a deux sortes d'Irlandais. Les Irlandais du Sud, qui sont à l'ouest de l'Angleterre, et les Irlandais du Nord, qui sont en dessous de tout. Les Irlandais du Nord se divisent en deux : les catholiques et les protestants. Comme ils croient que ce n'est pas pareil, ils s'entre-tuent avec vigueur pendant les heures de bureau. Les protestants sont attachés à la couronne britannique. Les catholiques sont farouchement républicains, comme Edgar Faure, par exemple.

A l'heure où j'écris ces lignes, depuis la terrasse du plus bel hôtel du Lido vénitien, face à l'Adriatique plombée de chaleur orientale où d'épaisses adolescentes italiennes duvetées de blond au creux des reins s'alanguissent à genoux écartés dans les vagues mourantes, les rebelles irlandais emprisonnés s'éteignent doucement un à un dans leur brume et dans l'indifférence générale.

Que réclament-ils au juste, ces malheureux détenus ? Une statue politique. Celle de Patrick O'Jaurès, libérateur de l'Irlande occupée par les O'Strogoths. Londres refuse, et veut ériger à Belfast la statue de bronze de la dame de fer, ou la statue de plumes de pintade de la reine mère. Alors les détenus irlandais vont au cinéma et s'en vont au milieu du film. C'est la grève de la fin. C'est très dur. On peut mourir.

Un jour, j'ai dû partir au milieu d'un film de Claude Sautet, sans savoir lequel des quinquagénaires architectes monterait dans la 4L de la branleuse de chez Guerlain pour aller pique-niquer à Noirmoutier et là, vraiment, j'ai failli mourir. Alors, s'il vous plaît, je vous en prie.

Welcome to ICELAND
BONJOUR MONSIEUR L'AGENT, LE SPHINX ET LES PYRAMIDES, C'EST ENCORE LOIN ?

Welcome to ICELAND
EN TOUT CAS, IL A UNE SACRÉE DROITE
PEUH, QUESTION D'ENTRAINEMENT
RDO-DO-DO-DO-DO-DO
RDO-DO-DO-DO-DO-DO

LES ISLANDAIS

Les Islandais sont appelés ainsi pour que nous ne les confondions pas avec les Irlandais qui habitent, eux aussi, une île n'importe où par là, dont tout le monde se fout complètement à partir du cinquante-cinquième gréviste de la fin environ.

Une récente statistique, fort révélatrice de la douloureuse pénurie de culture géographique de nos concitoyens, nous apprend que sur dix Français à qui l'on pose la question : « Quelle est la capitale de l'Islande ? », neuf sont incapables de répondre autre chose que « Du diable si je le sais », ou « Va te faire enculer », ce qui n'est qu'une façon élégante de dissimuler une ignorance crasse. Le dixième répond « Reykjavik », ce qui signifie « Va te faire enculer » en breton.

L'Islande est un grand pays de 103 000 kilomètres carrés uniquement composé de glaciers et de volcans. Autant dire que quand on ne se les gèle pas, on se les brûle, ce qui explique en partie l'extrême lenteur du développement du tourisme islandais. En dehors des militaires américains de la base de Reflavik, qui font briller leurs bombes thermonucléaires avec un chiffon de soie en espérant sans trop y croire le déclenchement de la Troisième, seuls quelques mordus de la pêche à la morue se risquent à passer leurs vacances en Islande. Il faut dire que la pêche à la morue est un sport vivifiant et exaltant, et que pendant qu'on fait ça, on n'est pas au bistrot. Qu'elle est âpre et belle, la lutte entre l'homme et la bête ! La morue plie, l'homme se cabre, l'écume écume. Soudain, l'animal moroie [1], ses cris atroces s'élèvent au-dessus de la vague en furie, le vent du nord les emporte, et la brise nous les brise. C'est la curée, que nous reconnaissons sans peine à ses seins gonflés sous la soutane.

Mais, Dieu merci, la pêche à la morue n'est pas la seule distraction que l'Islande offre au touriste. Il est d'autres richesses en cette grande contrée sauvage encore marquée du souvenir glorieux des premiers Vikings. Par exemple, la pêche au hareng. Qu'elle est noble et rude, la lutte entre l'homme et la bête ! « Quand l'homme entre, le hareng sort », remarquait judicieusement le regretté Jacques Lacan qui vient enfin d'arrêter pour de bon d'écrire des conneries.

En résumé, on peut dire que les Islandais gagnent à être connus. Alors que Julio Iglesias, non.

1. La musaraigne glapit, la sarcelle lochère, le chien aboie, la morue moroie. Alors, s'il vous plaît, je vous en prie.

LES GRECS

Les Grecs sont appelés ainsi parce qu'ils sont tous pédés. Ne dit-on point : « Va te faire enculer chez les Grecs » ? Alors qu'on dit beaucoup plus rarement : « Va te faire enculer chez les Bellifontains » (« Bellifontain » signifie « Fontainebleois » en grec. Je le précise à l'intention des éventuels lecteurs incultes ou ouvriers).

Les Grecs s'appellent aussi « Hélène » : c'est dire à quel point ils sont pédés. Quelquefois, ils enculent même leurs chevaux et roulent des pelles aux poneyses. Cette pratique fort répandue n'est autre que l'hippo-sexualité, du grec hippo, le cheval, et sexualité, crac-crac. Quand un Grec ne prête qu'une attention polie, voire vétérinaire, au cul d'un cheval, on dit qu'il est hippo-phobe, du grec hippo, le cheval, et phobe, le phobe.

Il y a deux sortes de Grecs : les Grecs modernes, comme Theodorakis ou Moustaki, et les Grecs anciens, comme Démosthène ou Mélina Mercouri. Notons au passage que le père et la mère de Mélina Mercouri sont grecs, ce qui prouve que les Grecs ne sont pas *tous* pédés.

Observons un Grec ancien : il est enveloppé dans un

Reebok
adidas

Homme grec de 59 ans
avouant à sa mère, par un après-midi
du mois d'Août, ses tendances
hétérosexuelles.

*Bas relief de l'époque Napoléonienne,
gravure sur marbre rose.*

Musée de l'homme (Paris-Trocadéro).

drap, il tient un parchemin et il apporte au monde la civilisation : les colonnes, les olives, le « i » sont grecs.

Observons un Grec moderne : sur ses jeans est marqué : « Levi's ». C'est nul.

D'autre part, les Grecs modernes, comme Theodorakis ou Moustaki, ne portent pas de soutien-gorge, alors que les Grecs anciens, comme Démosthène ou Mélina Mercouri, ne portent pas de seins. Dans les années soixante, les Grecs ont commencé à trop manger. Il a fallu mettre les colonels au régime. Les Grecs de tendance Mitterrand ont alors été chassés ou emprisonnés avec vigueur, et des familles entières ont été décimées, comme maman et papa Andréou, alors qu'Aristote Onassis continuait à rigoler avec les colonels. Car les colonels sont de grands enfants. D'ailleurs, dans « Pinochet », il y a « hochet ».

La capitale de la Grèce s'appelle Athènes. L'âpre splendeur d'un passé glorieux ne peut qu'émouvoir le promeneur occidental qui retrouvera ses racines aux portes du Pirée, mais il n'y a malheureusement pas beaucoup de flippers.

En revanche, le retour de la démocratie a fait d'Athènes une ville tout entière livrée à la débauche. Il y a des putes partout depuis que le maquereau Paul domine l'ancienne cité plusieurs fois millénaire, trois ou quatre fois, je crois bien, puisque la civilisation mycénienne remonte au moins à 1500 avant Jésus-Christ.

Pour en savoir plus sur Athènes, nous conseillons au lecteur d'aller voir le film Z de Costa-Gavras, dont les extérieurs ont été entièrement tournés à Alger, qui ressemble beaucoup à Athènes.

En résumé, nous dirons qu'il est très malpoli de péter à table en Grèce. En Suède aussi, certes, mais aujourd'hui nous parlons de la Grèce. Alors, s'il vous plaît, je vous en prie.

LES ESPAGNOLS

Les Espagnols sont appelés ainsi parce qu'ils ont le teint olivâtre, contrairement aux Italiens qui ont le teint mariusâtre.

Les Espagnols sont un peuple fier et ombrageux, avec un tout petit cul pour éviter les coups de corne.

Dans des conditions d'hygrométrie normales, on constate qu'un Espagnol moyen se compose de trois quarts d'omnivore et d'un quart d'Arabe. Cette singularité chimique s'appuie en fait sur une réalité historique. Il y a longtemps, très longtemps, bien avant l'appel de Cochin, des milliers d'Arabes sont entrés en Espagne. Ils couraient tellement vite qu'ils ne s'arrêtaient même pas pour pointer au bureau de l'émigration. Ils étaient bruns, ils étaient beaux, ils sentaient bon le couscous chaud, et les femmes se calaient dessous sans broncher.

Portons un Espagnol à ébullition. Quand l'eau frémit, l'Espagnol aussi. Quelquefois, il s'insurge et crie « Olé ! » en menaçant de sortir de la marmite. Cette expérience nous prouve que la fierté et l'ombrageosité de l'Espagnol ont des limites.

A l'instar de la vache, l'Espagnol va au taureau dès les premiers beaux jours. C'est la corrida.

La corrida est une festivité espagnole gorgée de poussière frémissante et de somptuosité virile, au cours de laquelle on transperce un taureau fou avec des barres de fer pour faire sortir le sang en disant « Olé ! ». Quand le taureau tombe à genoux, les présidentes de cercle ont un orgasme fugace.

Les Espagnols vivent dans un léger désarroi depuis que leur chef, M. Franco, est mort.

M. Franco a gouverné l'Espagne avec bienveillance pendant quarante ans. Certes, il était encore plus réactionnaire que la plupart des radicaux valoisiens, mais il savait se montrer généreux avec les riches et général avec les militaires. Le général Franco est mort dans son lit, contrairement au général Gamelin qui est mort dans le mien, mais enfin nous touchons là à ma vie privée et alors bon, je vous en prie. On a dit beaucoup de mal du général Franco, et c'est vrai qu'il avait mauvaise haleine, mais force est de reconnaître qu'il a su laisser l'Espagne dans l'état où il avait aimé la trouver en entrant.

Comme beaucoup d'étrangers, les Espagnols éprouvent quelques difficultés à communiquer entre eux, car ils ne parlent pas français. C'est pourquoi ils sont obligés de parler espagnol. Contrairement à la langue allemande qui est rude et gutturale, la langue espagnole est rose et pointue, mais j'arrête ça m'excite.

L'apport de l'Espagne au patrimoine culturel européen ne peut être nié car nous avons les moyens de vous faire parler. Que resterait-il du musée du Prado, sans Vélasquez, la Greco ou Chantal Lagoya ?

Sur un plan purement scientifique, n'oublions pas que c'est à Isabelle la Catholique que nous devons l'invention de l'espagnolette, sans laquelle nul ne pourrait baiser la fenêtre ouverte. Voir à cet égard la très belle litho de Dali intitulée *Fenestration* qui montre Aragon niquant la Castille au balcon, œuvre d'un érotisme si troublant que, rien que d'en parler, ça me fout la péninsule ibérique.

LES ITALIENS

Les Italiens sont appelés ainsi parce qu'ils gesticulent en mangeant des nouilles.

Il y a deux sortes d'Italiens. Les Italiens du Nord, qui vivent au nord, et les Italiens du Sud, qui meurent au sud.

Les Italiens sont tous des voleurs. Ils n'arrêtent de manger des nouilles que pour voler. Personnellement, il m'arrive souvent de voyager à travers l'Italie. Eh bien, je peux témoigner qu'on ne m'a jamais rien volé. Quelle chance inouïe, ne croyez-vous pas ?

Mon ami, l'ex-mongolien bicyclant Raymond Poulidor, a eu moins de chance que moi. C'est en effet un Italien qui lui a volé son paratonnerre.

Lire à cet égard, dans le remarquable livre de souvenirs du champion, le chapitre consacré à ce dramatique fait divers, intitulé : « Vol au-dessus du nid de Poupou. »

Comme les Espagnols, les Italiens parlent assez mal le français, c'est d'ailleurs la raison de leur gesticulance avec un « g », merci.

La capitale de l'Italie s'appelle Rome, en hommage à Raimu et Rémoulade qui fondèrent la ville à quatre pattes sous une louve, mais enfin passons. Peu de villes offrent au touriste autant d'attraits que Rome. Certaines ruines romaines sont tellement belles qu'on dirait le Palais-Bourbon presque fini. Rome possède également de magnifiques fontaines assez tarabiscotées, car les sculpteurs romains gesticulent énormément.

Peu de gens, de nos jours, savent où est née la Renaissance italienne. Eh bien, c'est en Italie. Michel-Ange, le Tintoret, Fra Angelico, Léonard de Vinci, Saint-Raphaël, etc., tous étaient italiens. De leur art, qui porte en lui tout le souffle antique du génie humain, on peut dire que c'est pas de la merde.

Plus encore qu'à Rome, c'est à Venise que le visiteur étranger s'esbaudit devant tant de splendeur offerte aux regards. Je ne parle pas seulement des filles, qui ont des gros nichons, mais des innombrables palais somptueux qui bordent la lagune vénitienne où la ville s'enfonce désespérément de jour en jour au rythme lent de sa propre décadence. Que le lecteur veuille bien me pardonner ce ton lyrique qui me monte à la plume dès que j'évoque Venise. Je viens de découvrir cette éblouissante cité agonisante et mon cœur se serre à cette évocation. En la quittant, je me suis dit : « Jean, c'est à Venise que tu reviendras mourir. » (Depuis le 11 mai, quand je suis tout seul, je m'appelle « Jean », en hommage à Jean Jaurès.)

BONNÉ
ARIVATO
INE ITALIA
DOUANA ITALIANA
IL PASSAPORTO POR FAVOR
AVANTI
AVANTI

TSHAW
ARRIVEDERTCHI
ET
VA FANÇOULO

En résumé, on peut dire que l'Italie est un peu moins bien que la France. Sauf le cinéma italien qui va plus au fond des problèmes que le cinéma marocain, par exemple.

LES BELGES

Les Belges sont appelés ainsi parce qu'ils prêtent à rire. Il y a deux sortes de Belges : les Wallons, qui sont assez proches de l'Homme, et les Flamands, qui sont assez proches de la Hollande.

Les Wallons comme les Flamands sont d'une lourdeur inouïe. Ils sont tellement lourds et bornés que même les Lillois s'en aperçoivent. Je ne dis pas cela pour M. Pierre Mauroy qui a oublié d'être con, sinon il ne serait pas copain avec Fillioud.

Comment reconnaître un Wallon d'un Flamand ?

C'est bien simple.

Portons un Belge à ébullition. S'il s'insurge, ou s'il menace d'en référer à la Ligue des droits de l'homme, c'est un Wallon. S'il se laisse bouillir en disant « Ouille, ça brûlenbeek », c'est un Flamand. Cette expérience simple et peu onéreuse nous montre que le Flamand ne parle pas le français, même quand l'eau frémit, c'est-à-dire à une température constante de cent degrés centigrades au niveau de la mer du Nord pour dernier terrain vague. Pourquoi les Belges prêtent-ils à rire ? Autrement dit, pourquoi diable et comment se fait-il donc que les

Belges soient la cible favorite des amuseurs avinés de fins de banquets ruraux ?

Dans son livre *Comment vivre heureux en attendant la mort*, le Pr Léon Métastasenberg, président de la Ligue pour le racisme sauf l'antisémitisme (LICA), émet une hypothèse fort séduisante, certes, mais moins que ma belle-sœur Fabienne dont la peau dorée, à peine duvetée de blond sur l'arrondi de l'épaule, me donne envie de mordre dedans pour assouvir le désir éclatant que j'ai d'elle quand l'air chaud de foin coupé s'exhale au crépuscule de juillet. De juillet de l'année dernière. Cette année, on se gèle les couilles. Selon Léon Métastasenberg, le Belge prête à rire parce qu'il est blanc, ce qui permet aux comiques chafouins de se gausser à ses dépens sans encourir les foudres des diverses associations pour la défense de la dignité des Bougnoules.

Les Belges sont très friands de papaye. A l'intention des éventuels lecteurs imbéciles ou ouvriers, je précise que la papaye est le fruit du papayer. Le papayer ne pousse qu'en Afrique tropicale. D'autre part, la papaye, fruit très susceptible, est fortement périssable. C'est pourquoi les Belges, très friands de papaye, ne mangent que des frites.

L'histoire de la Belgique est aussi insipide qu'une pensée de Bernard Hinault. Notons simplement que la

France l'a annexée en 1795, et qu'en l'unifiant administrativement pour donner une impulsion décisive à son économie, Napoléon a plus fait pour l'éclat de la Belgique qu'Ajax ammoniaqué pour l'éclat de mes chiottes.

Une-Fois Ier, le roi des Belges, est totalement dépourvu d'intérêt. Sa femme, la hideuse Fabiola, a longtemps fait croire à son peuple qu'elle était stérile, alors qu'elle préférait en fait ne pas avoir d'enfant du tout plutôt qu'avoir un enfant belge.

En résumé, on peut dire qu'il ne faut pas se moquer de la lourdeur de nos amis belges. D'ailleurs, le Belge est lourd, certes, mais il est franc alors que quand le franc est lourd, c'est qu'il est suisse. Alors, s'il vous plaît, je vous en prie.

ET ALORS, QUAND J'AI DIT À MA FEMME QUE JE FAISAIS UN DESSIN HUMORISTIQUE SUR LES BELGES, ELLE A VU ROUGE
POURQUOI, VOTRE FEMME EST BELGE ?
NON, ELLE ÉTAIT NAGEUSE OLYMPIQUE D'ALLEMAGNE DE L'EST
4

LES ALLEMANDS

Les Allemands sont appelés ainsi parce qu'ils aiment le travail et la discipline, comme les Allemands.

Il y a deux sortes d'Allemands : les Allemands de l'Ouest, qui s'entendent très bien avec les Juifs, et les Allemands de l'Est, qui s'entendent très bien avec les Russes. De toute façon, la loi protège très bien les Juifs à l'Ouest, et très très très bien les Russes à l'Est.

Sexuellement parlant, les Allemands de l'Ouest, qu'on peut subdiviser en deux catégories, les hommes et les femmes, se reproduisent comme l'Homme.

En revanche, chez les Allemands de l'Est, c'est plus compliqué. Il y a trois catégories : les hommes, les femmes, et les nageuses olympiques.

Les nageuses olympiques est-allemandes ne peuvent pas se reproduire, bien qu'elles puissent éprouver une certaine jouissance, notamment en plongeant dans des piscines pleines.

L'Allemagne de l'Ouest est séparée de l'Allemagne de l'Est par un mur assez joli bien qu'un peu sobre. Ce mur est appelé Mur de la Honte parce que, quand les Juifs des deux côtés viennent se lamenter dessus, les Allemands les montrent du doigt en ricanant un peu (les Allemands sont moqueurs). On voit bien, à la lumière de ces exemples, qu'il y a fort peu de différences entre les Allemands de l'Ouest et les Allemands de l'Est.

Quant aux Allemands du Nord et aux Allemands du Sud, on n'en parle jamais, pour la simple raison que l'Allemagne est le seul pays d'Europe qui n'ait ni nord ni sud. D'ailleurs il fait froid partout.

Comme les flamants roses et les Japonais, les Allemands ne vivent bien qu'en bandes assez serrées. Dans le civil, ils boivent de la bière en se balançant pour faire remonter la mousse et gerber plus doux. Dans l'armée, ils sont les meilleurs soldats du monde et peuvent traverser la Russie ou brûler des enfants sans regimber loin des leurs et de leur patrie sans bière, sans pommes de terre, sans magnétoscope, sans rien.

Les Allemands sont très travailleurs. Contrairement au Français, qui prendra sur ses heures de sommeil pour se reproduire, l'Allemand prendra sur ses heures de baise pour bosser. D'où le proverbe : « Wagner qui pleure, Laval qui rit. »

Parmi les Allemands très travailleurs célèbres, on cite Willy Brandt, Willy Continental Edison et Rudi Combaluzieren.

Alors que l'Anglais est flegmatique, l'Allemand est cyclothymique, c'est-à-dire qu'il peut niquer sans tomber de vélo.

L'Allemand le plus célèbre du monde reste Adolf Hitler, qui s'est suicidé sans dire pourquoi, deux ans avant la victoire de Robic dans le Tour de France.

Aujourd'hui encore, Adolf Hitler est détesté d'une foule de gens. Mais demandez-leur si c'est le peintre ou l'écrivain qu'ils n'aiment pas, ils resteront cois.

En résumé, on peut dire que si l'eau est bonne, la capitale de l'Allemagne aussi.

S.O.S.
FEMMES BATTUES
(L'OIGNON FAIT LA FORCE)
ALORS, QUAND MON MARI M'A SURPRIS À POIL DANS LA BAIGNOIRE AVEC LES TROIS SUISSES, IL A PERDU TOUTE LOGIQUE, ET S'EST MIS À COGNER COMME UN SOURD
POURQUOI, IL EST BELGE ?
NON, IL EST MYOPE
HIVER AUTOMNE CATALOGUE
3 SUISSES
RÉCLAMATIONS
VOUS AVEZ ESSAYÉ LA REDOUTE ?

LES SUISSES

Les Suisses sont appelés ainsi parce qu'ils sont vraiment très propres sur eux. Même les poux des clochards suisses se reconnaissent à la fraîcheur éclatante de leur teint scandinave.

Il existe quatre sortes de Suisses : les Suisses allemands, qui parlent allemand, les Suisses français, qui parlent français, les Suisses italiens, qui parlent avec les mains, et les Suisses romanches, qui feraient mieux de se taire. Je ne suis pas raciste, surtout depuis que je vis avec un Nègre, mais je serais extrêmement peiné si ma fille épousait un Romanche. En effet, les Romanches ne sont pas des gens comme nous. Je ne saurais dire pourquoi, ce sont là des choses que l'on sent. Ils ne sont pas comme nous. Dans ce cas, le mieux n'est-il pas de s'éviter ? C'est ce que je dis toujours : moins on fréquente les étrangers, moins on s'expose à leur xénophobie. C'est aussi valable pour les Romanches que pour les 78.

Les Suisses s'appellent aussi les Helvètes. C'est un grand mystère. Normalement, un seul nom suffit. Est-ce que ma belle-sœur Fabienne s'appelle Claudine ? Est-ce que mon crayon Bic s'appelle Reviens ? Ah oui.

Les Suisses sont neutres. Cela signifie qu'ils sont garantis sans colorants et qu'ils ne sont pas traités, sauf de cons, par les Belges qui les méprisent avec fougue.

En temps de guerre, la neutralité des Suisses s'exprime également par le fait qu'ils ne prennent parti ni pour les Nazis ni pour les communistes. (Je mets un « N » majuscule à Nazis parce qu'ils sont encore plus susceptibles que les communistes pour lesquels, au reste, la majuscule est élitiste, donc à proscrire.) On voit bien là l'incommensurable nullité des Suisses. Car enfin, je vous le demande, chers amis qui me faites l'honneur de me lire alors qu'il y a tant d'autres choses à lécher avec les yeux, je vous le demande, qu'est-ce qu'un homme qui ne prend parti ni pour les Nazis ni pour les communistes ?

Une bête.

La neutralité des Suisses est-elle désintéressée ? Oui, sauf en ce qui concerne l'argent. En effet, plus encore en temps de guerre qu'en temps de paix, les riches militaires déposent leur fortune dans des banques suisses. Vous allez me dire : l'argent n'a pas d'odeur. Voire. En 1943, on s'est longtemps demandé pourquoi la grande salle des coffres de la Banque Fédérale du Pognon Désodorisé de Genève puait la brillantine Roja. Simple : le maréchal Goering, qui revendait des Jocondes à ses amis fabricants de fer en gros pour la guerre, cachait tout son argent dans cette banque, après l'avoir laissé traîner au fond de ses poches de pantalon, contre ses cuisses grasses où les jeunes mannequins et coiffeurs parisiens pas encore engagés dans les FFI venaient poser leur tête gominée à l'heure du couvre-feu.

En résumé, on peut dire qu'il y a encore plus de trous dans le gruyère que dans les Suisses. Mais enfin bon, on n'est pas là pour enculer les meules. Alors, s'il vous plaît, je vous en prie.

PLUS JAMAIS ÇA! POUR QUE CESSENT CES ACCIDENTS STUPIDES, LE NOUVEAU GOUVERNEMENT ISRAÉLIEN A PRIS DES MESURES RESTRICTIVES

LES ISRAÉLIENS

Les Israéliens sont appelés ainsi parce qu'ils sont juifs. C'est-à-dire qu'ils ont le nez crochu, les doigts crochus, les yeux crochus, et la banane pelée. Pourquoi les doigts crochus ? Parce que, quand les Israéliens sont encore bébés, les rabbins leur crochètent les doigts à des fins religieuses. Mais c'est aussi une question d'hygiène. C'est comme les musulmans qui ne mangent pas de sanglier à cause des risques de maladie parasitaire, je pense notamment au ténia de Rivoire et Carret : c'est un produit Solitaire, donc un produit sûr, mais c'est plus épuisant qu'une branlette quand on n'a pas vraiment envie. Il y a deux sortes d'Israéliens : les Juifs d'Europe de l'Est ou du centre, qui ont l'air intelligent avec le front dégarni et même, quelquefois, les yeux bleus, et les Juifs moyen-orientaux qui ont souvent le genre étranger.

Les Juifs ne pensent qu'à gagner de l'argent en vendant des manteaux de fourrure. C'est pourquoi, en Israël, il n'y a pratiquement que des fourreurs, et très peu de militaires.

Qu'ils soient conservateurs ou travaillistes, les Israéliens ont entre eux un point commun : ils ne mettent pas de moutarde dans la confiture de myrtille. Au Novotel, quand nous repérons un inconnu qui met sa confiture de myrtille sur son pain sans rien d'autre, avec cet air sûr de soi et dominateur qu'ont ces gens-là, nous devons changer de table.

Israël est un pays assez laid et mortellement ennuyeux. Dedans, il n'y a rien, et autour, c'est plein d'Arabes. La seule distraction des Israéliens, c'est *The Lamentations Wall*, une boîte en plein air où on peut twister contre un mur en lisant un truc genre Coran dont le nom m'échappe à l'heure où j'écris ces lignes, si tant est qu'on puisse appeler cela écrire. Ça ressemble au Coran, mais ce n'est pas le Coran, ni du Canada Dry.

Bref, ce n'est pas un pays très rigolo, et l'on comprend mieux maintenant les motivations des occupants romains qui crucifiaient les clochards de gauche et les dieux de grand chemin, non point par anticléricalisme primaire, mais pour tuer le temps.

Parmi les grands hommes qui ont contribué à la création de l'État d'Israël, il faut citer M. Ben Gourion, dit le Lion du désert (pourquoi « le lion » ? Parce que « le renard », c'était déjà pris par Rommel), Mme Golda Meir, dite la Lionne du fromage (pourquoi du fromage ? Parce que c'est fromage *ou* désert), et Adolf Dayan, dit l'Amoché Dayan parce qu'il a un trou là.

Les Israéliens sont très propres sur eux, pour des Juifs. Lire à cet égard le remarquable ouvrage de Mme Denise Fabre, *Comment être belle et le rester* (Presses de la Renaissance), dans lequel l'auteur révèle qu'un tampon périodique lavé au savon d'Israélien peut resservir vingt fois plus qu'un Coton-tige lavé au savon de baleine. L'Israélien ajoute l'éclat à la blancheur.

On voit donc à la lumière du témoignage ci-dessus que les Israéliens ne sont pas complètement nuls. Alors, comme disait Himmler en visitant Auschwitz sous une pluie battante : « Ne boudons pas notre plaisir. »

En résumé, on peut dire que les Israéliens sont très pieux. Quand ils disent « A bas la calotte », ils ne parlent pas du couvre-tête. Alors, s'il vous plaît, je vous en prie.

J'AI UNE SŒUR QUI HABITE AU CANADA
NONNN ? C'EST PAS POSSIBLE
SI, SI JE T'ASSURE, MÊME QUE SON MARI S'APPELLE RICCO
NON, JE NE PEUX PAS CROIRE UNE CHOSE PAREILLE
AH MAIS J'TE JURE
C'EST FOU
AH C'EST FOU

LES CANADIENS

Les Canadiens sont appelés ainsi pour que nous ne puissions pas les confondre avec les Vénézuéliens, que nous appellerons plutôt « les Vénézuéliens ».

Il y a deux sortes de Canadiens : les anglophones, qui parlent dans les angles, et les francophones, qui parlent normalement.

Anglophones et francophones se vouent une haine tenace qui les incite à s'entre-déchirer sans répit alors que la tempête fait rage et que les paquets de neige blafarde étouffent les cris moribonds du trappeur égaré dans l'immensité insondable du Grand Nord d'où s'élève lugubre et âpre le meuglement désolé du canadadry, appelé aussi « castor-tampax » à cause de sa tête rouge et de sa petite queue blanche.

Comment reconnaître un anglophone d'un francophone, quand on est sourd ?

Portons un Canadien à ébullition. S'il devient rouge, c'est un francophone, ou, à la rigueur, un homard à l'américaine, car les Canadiens sont très américanisés. S'il ne devient pas rouge, c'est qu'il était rouge avant. C'est donc un anglophone, puisque les anglophones sont anglais et que les Anglais ont tous le teint rouge.

D'accord, direz-vous, mais comment reconnaître un anglophone d'un francophone, quand on est sourd *et* daltonien ?

Je vous répondrai que si vous êtes sourd et daltonien, nous n'avons rien à nous dire. Pour avoir stagné une heure à un feu rouge derrière un sourd daltonien, je n'adresse plus jamais la parole à ces gens-là. Et pourtant je ne suis pas raciste, surtout depuis que je vis avec deux Nègres dont un sénégalophone qui a toute ma confiance, et un parisianophage dont je me méfie d'autant plus qu'il embrasse bien.

Comment s'appellent les femmes des Canadiens ?

Les femmes des Canadiens s'appellent les Canadiennes. Certes, c'est grotesque. Mais n'est-ce point la meilleure façon d'éviter de les confondre avec les Vénézuéliennes ?

Les Canadiennes sont très chaudes. Il suffit de leur baiser la main à l'ambassade pour qu'elles s'écrient : « Oh oui, Pierre, sois mien ! »

Pourquoi les Canadiens habitent-ils le Canada, alors qu'il fait un temps magnifique à Miami ?

Tout simplement parce que les Canadiens sont à la médiocrité ce que les têtes de cons sont à l'île de Pâques : des monuments. La première chose qui saute aux yeux, chez le Canadien, c'est sa médiocrité, alors que chez mon oncle Georges, c'est sa bistouquette dont il aime à exhiber la raideur cramoisie aux portes des établissements de l'enseignement primaire laïque ou catholique. Personnellement, je préfère l'école catholique, à cause du moindre risque de promiscuité populacière.

Chez le Canadien, tout est médiocre. Observons Pierre Petitpierre. Que voyons-nous ? Sous la toque de rat musqué dont la queue striée n'est pas sans rappeler la mort de Jean Moulin [1], le regard est lourd, vide et chafouin. On sent d'emblée que l'homme est veule, mou, lâche, stupide et mesquin, voire socialiste. En résumé, nous dirons que le Canadien est imbuvable. Ne buvons point les Canadiens, broutons les Canadiennes.

1. « Ils m'ont strié la queue mais je n'ai pas parlé. » Telles furent les dernières paroles de Jean Moulin quand il sauta dans le vide pour échapper à l'amitié franco-allemande.

MATERNITÉ
BRAVO MONSIEUR C'EST UN GARÇON
PÔLE NORD

LES ESKIMOS

Le président Mendès France, qui vient de mourir ou alors ça ne devrait plus tarder, avait coutume de dire : « Je n'ai jamais vu d'Eskimo. » C'est dommage. Ce qui prouve bien à quel point c'est dommage de n'avoir jamais vu d'Eskimo. Ou alors dites tout de suite que Mendès France est un con, ce qui m'étonnerait beaucoup de la part d'un homme qui est socialiste depuis encore plus longtemps que moi.

Les Eskimos sont appelés ainsi pour que nous ne les confondions pas avec les phoques, qui s'appellent *les phoques*.

Malgré leur stupidité, dont l'ampleur peut engendrer la consternation chez l'observateur, les Eskimos vivent en bonne intelligence avec les phoques, dans les régions arctiques de l'Amérique et au Groenland.

Le Groenland, depuis sa découverte par Erik le Rouge, appartient au Danemark. C'est pourquoi les Eskimos ont le type danois, n'étaient leurs yeux bridés et leurs cheveux pékinois. Les Eskimos s'appellent tous *Tiphou-l'Eskimo*, parce qu'ils se ressemblent tous : à quoi bon leur donner des noms différents ? Les femmes des Eskimos s'appellent Gervaise, mais les Eskimos préfèrent le plus souvent les phoques qui sont à la fois pinnipèdes et bitophages, ce qui ajoute l'éclat à la douceur dans les transports amoureux.

A l'intention des lecteurs imbéciles ou ouvriers, je précise que les phoques sont des mammifères comme vous et moi, mais moi, c'est surtout ma femme. D'autre part, les phoques mesurent un mètre cinquante et leurs oreilles sont dépourvues de pavillon, mais il vaut mieux entendre ça que d'être sourd.

Ainsi, si nous rencontrons un jour une bête mammiférique sans lobe et pinnipédée comme un phoque, c'est un phoque.

A l'instar des phoques, les Eskimos n'ont pas de pavillon, mais des ziglous. Je pourrais dire *comme les phoques*, mais j'aime mieux *à l'instar des phoques*, car je ne supporte pas d'être compris du peuple.

C'est à cause de ma naissance dans un milieu privilégié de bourgeois très beaux et parfumés. Bourgeois moi-même jusqu'à l'hystérie, je ne vais plus à Roland-Garros depuis qu'on y laisse éclater les joies populaires, et que les petits de Murville y vont moins.

Dès l'aube, tandis que le pâle soleil arctique darde que dalle, Tiphou-l'Eskimo met ses bottes de zigloutier et sort du ziglou pour aller chasser l'ours blanc.

Il existe des Eskimos qui attaquent les ours blancs torse nu, au canif. C'est héroïque. Et l'héroïsme, c'est le seul moyen de devenir célèbre quand on n'a pas de talent. *Dixit* Bernard Shaw. Alors, s'il vous plaît, je vous en prie.

Avec Carrefour
je positive !
BANDE DESSINÉE
ADULTE
JARDINAGE
SPORT
ALORS, TU TE MAGNES ?
MINUTE,
JE POSITIVE
CAISSE RAPIDE
179 ARTICLES
MAXIMUM
LIZE
EST
BÊTE
NIKE

LES QATAREUX

Les Qatareux sont appelés ainsi pour que nous ne les confondions pas avec ma gomme qui s'appelle Reviens.

Le pays où vivent les Qatareux s'appelle le Qatar, d'après le petit Larousse, alors que le petit Robert est attendu par sa maman au bureau des hôtesses.

Mais on peut aussi écrire « Katar », en hommage à l'impératrice Katarina qui préférerait cacher son « q » plutôt que de se faire pilonner dans les dunes katareuses où les amantes imprudentes risquent à tout moment de contracter l'intolérable vaginite râpeuse des sables durs, dite aussi « la violette du bédouin », par allusion à l'aspect purpurin que présentait la verge de Lawrence d'Arabite quand il sortait de sa chamelle râpée.

Chez la femme, la vaginite râpeuse des sables durs provoque des douleurs intolérables, même pendant les vêpres, où l'activité sexuelle est pourtant réduite. Au plus fort de la crise, la malheureuse est prise de convulsions et ne peut retenir ses cris atroces. Le seul remède efficace est l'ablation des cordes vocales.

Dans son remarquable ouvrage *Comment être belle et le rester* (Presses de la Renaissance), Denise Fabre ne fait aucune allusion à la vaginite râpeuse des sables durs. De même Ray Charles, quand on évoque sa cécité, ne répond-il point. Il n'est pourtant pas sourd. Mais c'est une autre paire de manches, comme dirait Marguerite Duras qui vit avec deux balais.

Le Qatar compte à peine plus de 100 000 habitants pour une superficie de 22 000 kilomètres carrés. Toutes proportions gardées, force nous est de constater qu'il y a dix fois moins de bougnoules au Qatar que dans les Bouches-du-Rhône. Je dois dire que ça m'énerve. Pourtant, je ne suis pas raciste, surtout depuis que je vis avec deux aspirateurs de couleur.

Le roi des Qatareux s'appelle l'Émir du Qatar. Boursouflé de dollars grâce aux huiles grasses qui coulent sous ses babouches, il batifole mollement dans de suaves Bretonnes exilées qui lui titillent le pédoncule quand il regarde ses vidéocassettes polissonnes. A cet égard, je signale l'excellent *Angélique, marquise des cierges*. La scène entre Michèle Mercier et les deux batteurs Moulinex à quartz contribuera utilement à l'épanouissement des fantasmes de nos amis arts-ménagistes précoces.

LES TURCS

Les Turcs sont appelés ainsi pour que nous ne les confondions pas avec les Grecs, qui sont forts comme un Grec.

Observons une carte de Turquerie. Que voyons-nous ? Nous voyons qu'en dehors de sa partie européenne, qui représente moins du trentième de la superficie totale, la Turquerie est un pays de hautes terres. La chaîne Pontique, au nord, le Taurus, au sud, enserrent le plateau anatolien, mais si je continue à recopier le Larousse, ça va finir par se sentir.

La Turquerie est essentiellement un pays d'élevage et de cultures céréalières. Les brebis turques sont moins grasses que les chèvres tunisiennes, mais il suffit de leur mettre une paire de fausses cornes et un porte-jarretelles noir pour en faire d'agréables compagnons de jeux.

Si ce n'est pas l'Amour
Dieu ! Que ça y ressemble...

disait Mustafa Kemal, qui vécut longtemps « en copain » avec une charolaise gonflable avant de se consacrer

ET GRÂCE AU YAOURT PURQUE, J'ARRIVE À JOUER LA RAPSODIE HONGROISE

MAIS NONNN, LA MARCHE TURQUE ! PAS LA RAPSODIE HONGROISE, LA MARCHE TURQUE, IL FAUT QUE ÇA RIME AVEC PURQUE, ÇA FAIT ONZE FOIS QU'ON TOURNE LE MÊME PASSAGE, ON VA PAS Y PASSER LA JOURNÉE BORDEL !
STOP
COUPEZ COUPEZ
MAIS JE NE SAIS PAS JOUER LA MARCHE TURQUE MOI
ON S'EN FOUT, C'EST DE LA PUB ! DE-LA-PUB !
MAIS QU'IL EST CON CE GOSSE !

à l'occidentalisation et à la laïcisation de son pays, où l'on peut admirer sa statue équestre cloquée de fiente colombine au milieu de la place Léon-Ben-Blum d'Ankara.

Les cultures céréalières de la Turquerie sont : l'orge, l'avoine, le seigle, et le blé pour faire les croissants turcs.

Les Turcs sont moins sauvages que la plupart des bougnoules. Certains même sont fonctionnaires, d'autres ont des gourmettes. N'oublions pas que ce sont les Turcs qui ont inventé les chiottes, qui distinguent l'Homme de la bête. C'est en effet en 612 après Jésus-Christ que le grand Archie Merde s'écria « Eurêkaka ! » en sortant de ses latrines. Il avait eu le premier l'idée de baisser son pantalon *avant* de chier.

En ce qui concerne la politique étrangère, les Turcs adhèrent au pacte de l'Atlantique Nord. En cas de conflit nucléaire, ils seront radioactifs de droite.

Quelquefois, les Turcs exterminent les Arméniens, mais c'est plus commercial quand c'est des Juifs.

VOUS ÊTES MONÉGASQUE ?
AH NON C'EST PAS UN CASQUE, C'EST MON CRÂNE, IL EST LUISANT CAR IL N'Y A PLUS DE CHEVEUX
MAIS NON, JE VOUS DEMANDE SI VOUS ÊTES MONÉGASQUE PARCE QUE VOTRE TYMPAN EST TROUÉ
JE COMPRENDS, MAIS C'EST MEILLEUR AVEC DU THON AUX TOMATES
QUE PENSEZ-VOUS DES KANGOUROUS ALBANAIS ?
TIENS ? COMMENT VOUS AVEZ SU QUE JE SUIS MONÉGASQUE ?
OTO-RHINO-LARYNGO
VRAAA VRAAA
VRAAA
VRAAA
VRAAAA
VRAAAA
VRAAAAA

LES MONÉGASQUES

Les Monégasques sont appelés ainsi pour que nous ne les confondions pas avec les Monacotiens.

Monaco est une principauté prétendue pleine de putes, mais, personnellement, je n'ai vu monter personne.

La principauté de Monaco est administrée par un tyranneau bouffi dont la femme se faisait sucer la langue par Cary Grant dans les films d'Hitchcock avant que son père, parvenu dans les cimenteries américaines, ne l'oblige à épouser le majestueux, rondouillard susnommé.

Grâce aux efforts incessants d'une mafia de promoteurs pourris, Monaco peut s'enorgueillir aujourd'hui d'être la réplique architecturale exacte de la joyeuse Sarcelles des environs parisiens. A ceci près que si les zachélèmes sarcelloises regorgent de mornes pauvres suintant d'ennui, celles de Monaco débordent de gluants vieillards cancéreux sursitaires, bouffis d'insuffisance et boursouflés d'argent mal acquis qu'ils dilapident sans joie sous les serviles courbettes des croupiers pingouineux, tandis que les croupières s'accroupent à croupetons aux creux des adolescents en vacances. On dit alors que l'été est torride.

Les Monégasques ont-ils une âme ?

Pour le savoir, ouvrons un Monégasque, grâce à la vivisection dont nous déconseillons vivement la pratique sur les chiens car c'est fort douloureux. Que voyons-nous ? Entre la médaille de la Sainte Vierge et les poils du pubis, le Monégasque ouvert sent la merde chaude : c'est l'intestin. Au-dessus, palpitant comme n'importe qui d'autre qui palpiterait, se trouve le cœur. Derrière celui-ci, on découvre un estomac plein de Chivas aux fruits de mer, puis un foie, deux reins, trois raisons de boire Contrexéville. Mais d'âme, point. Alors que si l'on ouvre Mère Teresa, on trouve encore plus d'âme que de femme dedans. Autant dire que la vie est un perpétuel émerveillement.

Tous les ans, quand ils sentent pointer le printemps, les Monégasques par milliers viennent s'amonceler sur les trottoirs en grappes stupides pour voir passer des automobiles. C'est le Grand Prix de Monaco. Les vrombissements sont très intéressants pour ces nombreux badauds dont les tympans se déchiquettent en crépitant quand les bolides abordent les côtes, mais, personnellement, je n'ai vu monter personne. A la fin du Grand Prix de Monaco, le conducteur d'auto qui arrive avant les autres se met à gesticuler en gloussant sottement et il gâche un magnum de la veuve Cliquot alors que les bébés ougandais agonisent au soleil dans l'indifférence générale des nations cloquées de cellulite. Puis le gros prince et la princesse grasse congratulent ce chauffeur d'automobile. Le gros prince le secoue aux épaules, et la princesse grasse lui tend à baiser sa petite main gantée dont on ne dirait pas qu'elle est la main de la fille d'un parvenu dans les cimenteries, tant les doigts sont fins, racés, longs et gracieux. Des vrais doigts de vraie princesse qui ne s'enfoncent jamais ailleurs que dans ses longs cheveux blonds qu'elle défait mollement au crépuscule avant de s'enchignonner pompeusement pour aller pérorer à l'ambassade en suçant des zakouskis cosmopolites.

En résumé, on peut dire que je n'ai vu monter personne.

J'AI TOUJOURS EU UN FAIBLE POUR L'AMOUR VIOLENT DES GOLFEUSES AUTRICHIENNES
MAIS ÇA ME COÛTE UN MAX EN CHIRURGIE DENTAIRE
WAK

LES AUTRICHIENS

Les Autrichiens sont appelés ainsi pour faire croire qu'ils ne sont pas allemands. C'est grotesque, car les Autrichiens ne rêvent que d'être envahis par l'Allemagne dès la prochaine guerre mondiale qui ne devrait plus tarder maintenant si tout va bien et si le temps le permet.

En revanche, les Autrichiennes ne rêvent d'être envahies que par Paul Newman, alors que, si ça se trouve, « Newman », c'est même pas son vrai nom.

Comment reconnaître un Autrichien ?

C'est malheureusement pratiquement impossible. En effet, l'Autrichien est méconnaissable. C'est même le seul étranger qui soit méconnaissable, c'est d'ailleurs grâce à cette particularité qu'on peut le reconnaître. Le Suisse est lourd, l'Italien est fripon, le Belge est belge, l'Espagnol est ombrageux, le Socialiste a le regard faux, mais l'Autrichien n'est rien. Dit-on : « Tiens, ce type a une gueule d'Autrichien » ? Non ? Bon. Tout ceci est horrible, car si tous les étrangers étaient méconnaissables, on ne pourrait même plus faire de guerre, faute de pouvoir reconnaître l'ennemi. Heureusement, l'Homme a inventé le drapeau. Le drapeau distingue l'Homme de la bête, et nous permet de reconnaître les Autrichiens.

Cependant, le méconnaissabilisme basal de l'Autrichien lui pose bien des problèmes. Par exemple, tous les enfants autrichiens sont à l'Assistance publique parce que leurs papas ne les reconnaissent jamais. Bien que méconnaissable, l'Autrichien est assez bien monté, mais je n'en dirai pas autant de Paul Newman. Je l'ai vu trois fois dans *Prends-moi sur l'Exodus*, merci bien.

Quand nous observons une carte géographique de l'Europe, qu'apercevons-nous, bordée au nord par la Tchécoslovaquie, à l'est par la Hongrie, au sud par l'Italie et à l'ouest, j'en sais rien ? Nous apercevons quoi ? L'Autrichie dans un coin.

La capitale de l'Autrichie s'appelle Vienne. Le charme de Vienne est décadent, un peu comme les nichons de Jeanne Moreau. Des mémères emperlouzées suintantes de lipides viennent y bâfrer d'autres graisses grasses au fond des salons de thé précieux où elles posent en soufflant leur cul catastrophique qui s'aplatit en clapotant obscéniquement sur le cuir boursouflé des banquettes impériales.

Parmi les Autrichiens célèbres, on peut citer Richard Strauss, inventeur du tournis, Romy Schneider, inventeur du Zizi impératif, et Sigmund Freud, inventeur du Paranoïaque. Sans Sigmund Freud, l'Homme ne saurait pas qu'il a envie de baiser sa mère. Ce serait la fin du monde.

Très peu de gens, même des personnes cultivées au point de savoir que Beethoven a composé la Cinquième avant la Sixième, que Le Pirée est un port et que Dalida était nulle avant même de devenir socialiste, très peu, disais-je, savent que l'Autrichie est un pays neutre.

En résumé, on peut dire que les Autrichiens sont quelconques, et que, si on tournait *Le Troisième Homme* aujourd'hui, Orson Welles ne pourrait pas s'immiscer dans les égouts viennois. Après vingt-cinq ans, les humains commencent à mourir de plus en plus vite et leur chair est tirée vers le bas jusqu'à ce qu'on n'ait plus qu'à mettre de la terre dessus.

LES CHINOIS

Les Chinois sont appelés ainsi parce qu'ils sont périlleux, en tant que jaunes.

Les Chinois sont extrêmement nombreux. On peut évaluer leur nombre à beaucoup. Lors d'une récente émission radiophonique fort bien documentée de France-Culture, le docteur Fournier, professeur de littérature française et de sociologie appliquée à l'université des langues étrangères de Pékin, a donné le chiffre exact de la population chinoise au dernier recensement de 1980. Malheureusement, je n'écoute que FIP ou Radio 7, et les radios libres qui ont désormais le droit d'émettre dans un rayon de cinq kilomètres autour de la maison de M. Fillioud, pour qu'il puisse vérifier lui-même qu'elles ne disent pas des conneries antisocialistes.

Penchons-nous sur un Chinois moyen. C'est facile. Le Chinois moyen est tout petit. Qu'observons-nous ? Le Chinois moyen est exactement comme un Japonais. On ne peut absolument pas distinguer un Japonais d'un Chinois. C'est vraiment pareil.

Lors de la récente visite du Premier ministre japonais

en Chine, le chef du protocole nippon a baisé le maire de Pékin dans les chiottes du Royal Bolchevick Hotel de la capitale chinoise. « Je croyais que c'était ma femme », a-t-il déclaré de bonne foi. « Nous nous ressemblons beaucoup, nous autres Jaunes », a-t-il ajouté avant de se faire hara-kiri, 10, rue des Trois-Portes.

J'allais oublier de vous dire qu'il y a deux sortes de Chinois. En fait, j'ai du mal à fixer mon attention sur le problème chinois car, à l'heure où j'écris ces lignes, Bo Derek et Dominique Sanda s'embrassent à bouche mordante, nues et mouillées sur le sable blond de cet îlot brûlant des Baléares où nous cachons notre amour loin de l'effervescence de la ville, et leur beauté me trouble infiniment et je les aime follement malgré leur mythomanie et leurs grains de beauté n'importe où.

Les deux sortes de Chinois sont : les Chinois communistes, qui mangent les enfants, et les Chinois nationalistes, qui mangent des conserves Saupiquet, si ça se trouve.

Comment reconnaître un Chinois nationaliste d'un Chinois communiste ?

C'est impossible. On dirait des Japonais.

Jusqu'à la fin du siècle dernier, les Chinois portaient des robes avec des grandes manches qui traînaient dans la soupe. Mais aujourd'hui ils mangent avec des braguettes.

En résumé, on peut dire que c'est le pantalon qui distingue l'Homme de la bête.

LES JAPONAIS

Les Japonais sont appelés ainsi pour que nous ne les confondions pas avec les Carcassonnais. Il existe d'ailleurs un moyen mnémotechnique fort simple permettant d'éviter cette confusion. On s'aperçoit, en effet, lors d'une relecture plus minutieuse, que si le suffixe « onais » est commun aux uns et aux autres, les Japonais, en revanche, n'ont pas de carcasse, ce qui leur confère une souplesse exceptionnelle dans la pratique des arts martiaux et lors des accolements fornicatoires dont ils restent très friands, malgré la sévère politique de dénatalité en vigueur au Japon.

Les Japonais sont horribles. Quant aux Japonaises, personne n'en parla jamais mieux que Louis Martin qui écrivait dès 1895, dans un remarquable essai sociologique intitulé *L'Anglais est-il un Juif ?*[1]: « Si la Japonaise est la négation la plus absolue de la femme, elle est aussi la négation la plus absolue de la beauté grecque. »

Moralement, les Japonais sont encore plus atrocement

1. Cité dans le *Dictionnaire de la bêtise* de Guy Bechtel et Jean-Claude Carrière, introuvable chez Laffont.

POUR RECONNAÎTRE UN CHINOIS D'UN JAPONAIS, ESSAYONS LE COUP DE LA DÉCONCENTRATION
J'AI TRIPOTÉ LES SEINS DE TA FEMME
?!!
POC

PAS DE DOUTE, C'EST LUI LE CHINOIS
5
MERDE J'SUIS MÊME PAS MARIÉ

laids qu'au physique. On dit que leur politesse est proverbiale, mais ma sœur aussi est proverbiale. Ça ne l'empêche pas d'être contagieuse.

De caractère très épais, les Japonais se mettent naturellement avec les Allemands pendant les guerres mondiales. A l'instar de leurs cousins teutons, ils adorent les guerres mondiales, ça leur permet de s'écraser sur des bateaux en chantant *Qu'un Sanguimpur*.

Entre deux guerres mondiales, les Japonais s'étiolent mais continuent de marcher au pas pour ne pas perdre la main, qui leur sert accessoirement de pied. En rangs serrés de fourmis cadencées, ils font des motocyclettes, des magnétoscopes ou des photos de l'Arc de triomphe.

Heureusement, les ouvriers japonais sont sous-payés, ce qui ne leur permet pas de s'offrir des baignoires pour mettre leur soupe chinoise dedans.

Pour se nourrir, les Japonais mangent du riz sans blanquette ! J'en ris encore.

Farouchement passéistes, obstinément accrochés à leur culture païenne, voire bouddhique, basée sur l'obséquiosité chafouine et l'aileron de requin, les Japonais se sont toujours montrés réfractaires à l'évangélisation chrétienne et à l'humour anglais. « Tu veux du kaoua,

Zakie ? » demanda un jour l'empereur Hiro-Hito qui conviait à sa table la veuve Kennedy-Onassis à peine remise de la cruelle douleur que fut pour elle la disparition des couilles en or de son Grec. C'est là, hélas, toute la finesse d'esprit dont est capable ce peuple tellement arriéré qu'il refuse l'énergie nucléaire par crainte des tremblements de terre.

(Devinette à caractère drolatique)

QUELLE DIFFÉRENCE Y A-T-IL ENTRE UN BÉNÉDICTIN POLONAIS ET UN FOOTBALLEUR TCHÉCOSLOVAQUE ?

LES POLONAIS

« Ami entends-tu le vol noir des corbeaux sur nos plaines... » Je ne sais pas pourquoi, cette chanson me fait penser à Varsovie.

Pourtant, Dieu m'est témoin que je ne suis point exagérément polakophile. Quand j'organise un week-end international à la maison, je mets les Russes dans la chambre d'amis et les Polonais dans la chambre d'ennemis. C'est vous dire. Mais voici que je regarde le journal d'Antenne 2, et des Polonais de France emmitouflés près d'un brasero chantent leur désespérance, et la chanson monte dans l'air glacé, bien droite, et digne, et simple, et c'est comme une bouffée d'amour qui vous remue l'intérieur.

Un jour que j'occupais mon ennui à compter les communistes place du Colonel-Fabien, je fus témoin d'un accident de la rue relativement banal, quoique franco-polonais. Sous mes yeux moyennement stupéfaits, un taxi renversa un ouvrier. Le taxi était con et l'ouvrier polonais. Le premier s'enfuit, laissant le second se vider lentement de ses viscères à même le bitume. Georges Marchait par là, maladroitement grimé en cadre moyen, arborant un air absent sur sa tronche de sac-poubelle non consigné.

– Auriez-vous l'amabilité de m'aider à relever cet homme à l'agonie ? m'enquis-je. Un taxi est passé. Et cet homme était dessous, comme un Polonais.

– Je pense qu'il s'agit là d'une affaire purement intérieure, qui ne concerne que la Pologne, dit Georges. Nous n'avons pas à nous mêler des affaires purement intérieures à la Pologne. La Pologne est seule maîtresse de son destin.

– Ça, c'est vrai, ça, renchérirent la mère Denis, le père Mauroy et la France entière qui passaient par là. La France, fidèle à ses principes sacrés de non-ingérence dans les affaires concernant exclusivement ceux qui sont concernés, n'a pas à intervenir. Elle n'interviendra que lorsque le moment sera venu, c'est-à-dire jamais, car on n'a pas les couilles pour.

A part ça, il ne faut pas dramatiser. Si j'en crois la dépêche AFP qu'on m'apporte à l'instant, les conversations russo-polonaises devraient incessamment déboucher sur un accord. « Nos entretiens se sont déroulés sur un pied d'égalité totale », a notamment déclaré M. Gromyko, ministre des Affaires étrangères de l'Union soviétique, à l'issue de son entretien avec son homologue polonais, M. Petit-Myko.

LES MALTAIS

Pour avoir longuement visité l'île de Malte au printemps, avec une camarade intelligente qui n'avait pas de culotte, je puis témoigner que c'est une île très jolie où l'on ne s'ennuie guère à l'ombre des acacias ventrus grouillants de cigales, animal dont le crissement saccadé nous les brise, il faut bien le dire.

Si l'on exclut les villes-États comme Hong Kong, Malte est le premier pays du monde pour la densité de sa population, qui est de 1 107 habitants au kilomètre carré, en comptant les scatophages et les diabétiques, contre seulement 97 en France, en comptant les putains et les socialistes. C'est dire à quel point les gens sont serrés les uns contre les autres lors des promenades pédestres et des offices du dimanche. D'où l'intérêt de visiter Malte en compagnie d'une camarade dépourvue de culotte, la promiscuité surpopulatoire en milieu urbain pouvant à tout moment solliciter la libido du touriste dont l'appareil photographique ventral cache mal aux regards la boursouflure turgescente d'un mandrin frénétique que la morale réprouve en dehors des liens sacrés du mariage.

JOUETS
CADEAUX
OH! MON NOUNOURS PRÉFÉRÉ
MALTE
VILLE
TOURISTIQUE
AMAZING IZINE TITE?

Peu intelligent par rapport au cadre français dont on peut voir briller l'œil vif chaque jour à l'aube dans n'importe quel avion d'Air Inter, le Maltais est en revanche très gentil. Manquerait plus qu'il morde, direz-vous. Certes, mais pour cet être né à cheval entre la Sicile et l'Afrique, mi-italien mi-bête, je demanderai l'indulgence.

Le Maltais moyen est petit.
Le Maltais petit est minuscule.
Il n'y a pas de grand Maltais. Il n'y a que toi, Hélène. (Message personnel.)

Désuète et volontiers monogame, la Maltaise a généralement la peau brune et pulpeuse, et ses hanches de guitare en font un instrument accorte, au lit comme à la plage. Mais attention. Quand je dis « instrument », qu'on ne se méprenne pas. Je ne suis pas pour la femme-objet, au contraire : j'aime bien quand c'est moi qui bouge pas.

Le Premier ministre de Malte s'appelle Dom Mintoff. Très traumatisé par l'occupation britannique, dont la dernière base a évacué l'île en 1979, le peuple maltais se retrouve en son chef qui manifeste volontiers son anglophobie en pissant dans les théières le 14 juillet. C'est quand même moins con que d'afficher une tronche de hareng douloureux le 11 novembre sous l'Arc de triomphe pour secouer ce qu'il reste de mains aux ex-poilus moribonds nostalgiques de l'éventration collective de 14-18.

LES YOUGOSLAVES

Après la Seconde Guerre mondiale, qui lui coûta un million six cent mille morts, en comptant les femmes, la Yougoslavie était exsangue.

C'est alors que Tito est arrivé, avec son cheval et son grand prestige. C'était un magnifique maréchal très bien chamarré, et les jeunes filles frissonnaient dans leurs culottes de drap grossier quand il défilait le 14 juillet pour célébrer la victoire contre les Nazis, assez joliment chamarrés eux aussi, soyons honnête.

Le maréchal Tito était si beau qu'il fut aussitôt nommé directeur de la Yougoslavie sous les vivats de tous, y compris d'un autre maréchal moins chamarré mais fort respecté de ses camarades, le maréchal Joseph Staline, de son vrai nom Stalinebergsteinovici, ces gens-là sont partout.

Bien vite, le maréchal Tito réunifia son pays, obligeant les Serbes à dire bonjour aux Croates, et redonnant un nouveau souffle à l'extraction de la plus grande richesse naturelle du pays, le lignite. En 1979, la Yougoslavie conservait encore son rang de cinquième producteur

OLGA, QU'EST-CE QUE TU PENSES DE MON ILLUSTRATION SUR LES YOUGOSLAVES ?
PAS MAL HEIN ?

OUI MAIS, ET LES SERBES? T'AS PAS PARLÉ DES SERBES ?
OUI MAIS ALORS IL FAUT QUE JE PARLE DES CROATES
SANS OUBLIER LE RAPPORT AVEC LES SLOVÈNES
D'ACCORD. ET LES UKRAINIENS QU'ESS T'EN FAIS?
C'EST VRAI MAIS IL NE FAUT PAS OUBLIER LES SLAVES
LES SLAVES DU NORD, OU LES SLAVES DU SUD?
LES TCHÈQUES, N'OUBLIE PAS LES TCHÈQUES
T'EN FAIS PAS, JE LES AI REMIS À LA BANQUE HIER
OUF! ON EST SAUVÉS

mondial de lignite, avec 41,7 millions de tonnes extraites à la sueur du front des Croates et des dessous de bras des Serbes qui slavent moins. L'Européen occidental comprend assez mal cet engouement des Yougoslaves pour le lignite, dont les bouts sont beaucoup moins jolis que celui de Julio Iglesias, par exemple. Personnellement, quand un représentant en lignite ou un Krishna sonne à ma porte, je le fous dehors.

Les Français, peuple couard qui se réfugie sous sa femme dès que les Russes envahissent la Tchécoslovaquie, vouent une admiration sans borne au maréchal Tito qui osa dire merde à Staline, un jour qu'il était à Serbe.

Le 3 mai 1980, Julio Iglesias donnait un récital hispano-gluant au grand théâtre populaire de Belgrade. Le lendemain matin, Tito mourait, sans avoir repris connaissance après l'entracte. Cela dit, ce n'est pas non plus parce que Julio Iglesias a survécu à Brassens qu'il faut se mettre soudain à douter de l'existence de Dieu.

LES SWAZILANDAIS

Le Swaziland est un pays riche par son agriculture (record mondial d'excédent agricole par rapport au PNB), par les réserves de son sous-sol (20 % du PNB) et le nombre de ses Nègres (100 % du cheptel).

La principale culture du pays est le maïs, dont les Swazilandais sont très friands. Alors que les Eskimos sont très friands de phoque. N'est-ce point là la preuve tangible de l'infinie bonté de Dieu ? Car enfin, cornecul, si Dieu était méchant, il aurait fait les Eskimos friands de maïs et les Swazilandais friands de phoque, et la face du monde en eût été changée. Tandis que là, non, tout va bien.

Le Swaziland est gouverné par un roi très bon et très près de ses sujets, le roi Sobhuza II, qui est plus con que Louis XIV, certes, mais moins beau que Bokassa Ier dont les casseroles de cuivre jonchaient la poitrine avec panache au passage des majorettes.

« Vous pouvez m'appeler "Sa Majesté" », aime à dire très simplement Sobhuza II.

LE SWAZILAND, LE SWAZILAND, MEEERDE, QU'EST-CE QUE JE PEUX FAIRE SUR LE SWAZILAND ?
MON PÔVRE, OHLALA MON PÔVRE CHÉRI, COMME IL EST GRAND ET SPLENDIDE DEVANT SA SOUFFRANCE
OH ET PUIS J'M'EN FOUS, Y M'FONT CHIER AVEC LEUR SWAZILAND
ALLEZ HOP
J'FAIS RIEN

« Vaut mieux entendre ça que d'être nègre », lui répondit un jour Ray Charles, qui chante moins bien que Fernand Sardou, d'accord, mais qui, sur le plan de l'humour noir, n'a rien à envier à Anne-Marie Carrière.

Le Premier ministre swazilandais est le fameux colonel Maphevu-Diamini, qui s'illustra à la bataille de Mbanana où il bouta les Mbenculés hors du royaume.

La monnaie nationale du Swaziland est le lilangeni qui vaut environ douze Carambars.

En résumé, on peut dire que le Swaziland est un pays heureux, dont le PNB était évalué à 3 000 francs par habitant en 1980. C'est considérable, par rapport au reste de l'Afrique. On se demande ce qu'ils peuvent bien foutre avec tout cet argent.

Pour l'insolite, nous noterons que le Swaziland est le seul pays du monde dont la capitale (Mbanane) ne possède aucun monument au Soldat inconnu. Le 11 novembre, c'est un spectacle atrocement pénible que ces pauvres militaires de carrière obligés de saluer comme des cons, le torse bombé et la tête haute, face à que dalle, tandis que Mbchirac et Mbitterrand déposent des gerbes par terre, n'importe où.

PALAIS DU LUXEMBOURG
FRANÇOIS HENRI
DUC DE LUXEMBOURG
MONTRANT SON PALAIS
CHATE
EN
ESPAG
ÉPONGE
BELGE

LES LUXEMBOURGEOIS

Les Luxembourgeois sont appelés ainsi en hommage à Guy Lux, le sympathique inventeur des « Nœuds sans frontières », la fameuse émission échangiste internationale qui a plus fait pour le rapprochement des peuples européens que la tentative malchanceuse de Marché commun national-socialiste qu'Adolf Hitler ne put jamais mener à bien malgré l'appui des autorités françaises et l'immense ferveur de l'amitié franco-allemande.

Le Luxembourg est un pays tout à fait insignifiant. S'il disparaissait du jour au lendemain dans quelque cataclysme local, personne au monde ne s'en apercevrait. C'est comme les petits enfants du monde qui meurent par milliers sans pleurer, le ventre tordu et les boyaux collés entre eux par le vide. Dans le journal de 20 heures du dimanche, le tiercé et Saint-Étienne-Sochaux prennent beaucoup de place, on ne peut pas aborder tous les problèmes.

Le Luxembourg compte 335 000 habitants, femmes comprises. Les Luxembourgeois parlent trois langues. C'est grotesque. Ces langues sont : le français, l'allemand et un dialecte atroce dont un Breton ne voudrait pas.

Parmi les curiosités touristiques du Luxembourg, on peut citer la forêt, les cultures céréalières, les bovins et la grande-duchesse de Luxembourg dont nous pouvons admirer les portraits dans *Point de vue et Images du monde*, le journal des grandes-duchesses de Luxembourg au bras de leurs grands-ducs.

La grande-duchesse de Luxembourg est très aimée de son peuple. C'est une personne très simple. Quelquefois même, elle dit bonjour à des ouvriers. Pourtant, elle est infiniment distinguée et ne fait jamais caca. Elle sort peu de son palais de marbre rose aux hauts murs lambrissés où les toiles impressionnistes les plus rares voisinent avec les tapisseries de Reiser, dans un décor de rêve, quoique jonché des crottes de Lascaux, le braque belge de l'infante Zézette de Luxembourg.

Le grand-duc et la grande-duchesse sortent très peu de leur palais. Non point qu'ils craignent le contact avec le peuple, mais pour ne pas abîmer leurs pieds au contact de la rue dont le bitume peut avoir été manipulé par des Arabes. En résumé, on peut dire que le grand-duc et sa dame ne sortent que les jours où la reine d'Angleterre accole un de ses singes avec une gourde.

Je ne sais pas pourquoi, ce papier me fait penser à Chopin.

LES SUDAFRICAINS

Les Sudafricains sont appelés ainsi pour que nous ne les confondions pas avec les Norafricains qui ont non seulement le type norafricain, mais la gonzesse aussi.

La Sudafriquie, qui s'étend sans vergogne sur plus d'un million de kilomètres carrés au bout de l'Afrique, non, là, en bas, est peuplée de vingt-quatre millions d'habitants qui sont pour la plupart extrêmement vulgaires, sauf les Blancs.

Cette population se décompose de la façon suivante : 70 % de Bantous, 17 % d'Européens, 9 % de métis [1], 2 % d'Asiatiques et 14 % sans opinion. C'est énorme.

Les Bantous sont appelés ainsi en hommage au coureur cycliste sénégalais Bante-la-Jolie, dont l'homosexualité latente était notoire et qui remporta Paris-Nantes en 1933 en chantant :

Quand je pense à faire Nantes,
Je bante.

1. On ne doit jamais mettre de « M » majuscule à « métis », pour ne pas les rendre arrogants.

Journée Mondiale des DROITS DE L'HOMME
BONJOUW MADAME, QUE PENSEZ-VOUS DES DWOITS DE L'HOMME ? PAWLEZ DANS LE MICWO
LES DOIGTS DE L'HOMME ? OH, ÇA ME GÊNE PAS, DU MOMENT QUE J'AWWIVE À AVOIW UN OWGASME

En Sudafriquie, tous les Européens pratiquent la ségrégation, à part Ted.

La ségrégation consiste, de la part des Blancs, à respecter la spécificité des Nègres en n'allant pas bouffer chez eux. Au reste, la cuisine bantoue est tout à fait exécrable tant sur le plan de l'hygiène alimentaire dont les Blancs sont très friands, que sur le plan du décor de la table qui laisse à désirer, c'est le moins qu'on puisse dire. Par exemple, ces gens-là mettent la fourchette à droite et le couteau à gauche. Merci bien !

Il me revient d'avoir été convié à la table d'un autonomiste bantou, avec lequel mon épouse était très liée malgré la tradition ségrégationniste, pour des raisons sexuelles inhérentes à l'énormité de la bite de ce sauvage. Eh bien, c'était très mauvais, notamment la biche aux abois melba, qui constitue le plat national bantou.

La télévision sudafricaine est l'une des meilleures du monde. Non seulement il n'y a jamais d'émissions avec Giscard, mais il n'y en a pas non plus avec Mitterrand.

Les villes les plus connues de la Sudafriquie sont Johannesburg, Le Cap, Pretoria et Durban. Les villes les moins connues sont Potchefstroom, Vereniging, Witbank et Thabazimbi.

Hôpital
URGENCES
LES DANGERS DES BAIGNOIRES D'OCCASE
DIVORCES PROCÈS AVOCATS ANANAS
COGNÉ PAR UNE VOITURE
TOMBÉ D'UNE ÉCHELLE
GLISSÉ DANS SA BAIGNOIRE
FAUCHÉ PAR UN TRACTEUR DANS UN CHAMP DE CANNES À SUCRE ALORS QU'IL S'Y ÉTAIT GLISSÉ POUR LIRE EN CACHETTE UNE REVUE ÉROTIQUE INTERDITE PAR LE PARTI SOCIALISTE
GIFLÉ PAR SA FEMME

LES CUBAINS

Quand ils sont ronds, les Cubains sont cubiques. C'est pourquoi on les appelle les Cubains.

Cuba est une île assez difficile à dessiner, par rapport à la Corse. Malgré un climat tropical tout à fait exquis et la douce luxuriance d'une flore admirable, c'est plein de communistes.

Au dernier recensement de 1980, la population de Cuba s'élevait à 9 770 000 habitants. Nul doute qu'elle eût dépassé les dix millions cette année si le directeur de l'île, M. Castro, n'avait eu l'idée antisocialiste et saugrenue de laisser filer, en avril 1980, près de 200 000 homosexuels qui ont fui la patrie avec une canne à sucre dans le cul, d'où l'effondrement des cours du sucre de canne et ce regain d'arrogance et de fatuité sur les trognes boursouflées des betteraviers ardennais.

L'armée cubaine est pleine de soldats. Elle compte en permanence 200 000 hommes sous les drapeaux, ce qui nous fait 9 570 000 hommes un peu devant, un peu derrière ou un peu à côté des drapeaux. Très sémillants dans leurs costumes kaki, les soldats cubains aiment intervenir dans les pays africains où ils font des trous dans les enfants qui passent, pour faire avancer la démocratie.

A l'instar de ma sœur, qui vivote grâce au soutien de Paulo Gomina, Cuba survit grâce au soutien de l'Union soviétique qui lui rachète à prix d'or tout son sucre pourri, en échange de quoi Castro vote coco à l'ONU dès qu'il a cinq minutes. Conséquence première de cette politique castro-sucrière de l'URSS, cinquante millions de citoyens soviétiques souffrent de diabète, et sont envoyés au goulag où ils sont privés de dessert mais pas méchamment, juste pour les guérir.

Une série de désastres ont frappé Cuba l'année dernière. Force nous est d'y lire la volonté de Dieu dont l'anticommunisme n'est un secret pour personne[1]. Ce fut d'abord un ouragan d'une violence inouïe, avec des vents atteignant la vitesse d'un cheval au gala de l'Union, qui ravagea les récoltes de cigares, et projeta plusieurs secrétaires d'État contre les rochers. Puis la maladie de la canne, la terrible maladie de la canne, s'abattit sur les cannes. Si vous voyiez la mienne, c'est affreux.

1. Dieu est radical valoisien (Luc, chap. 12, verset 54).

LES CHILIENS

Les Chiliens sont de grands enfants. D'ailleurs, dans « Pinochet », il y a « hochet ».

Je connais fort bien les Chiliens. Avant d'avoir testé le Pérou avec Prévert, j'avais goûté au Chili con carne.

Contrairement à ma sœur dont les rotondités boulottes exacerbent les sens des employés du gaz, le Chili est maigrichon et tout en longueur. Selon une récente statistique de la SOFRES, sur cent personnes qui se masturbent devant une carte du Chili, une seule parvient à l'orgasme.

Pour parler comme dans mon livre de géo de quand j'étais petit, nous dirons que le Chili est une immense bande de territoire de 4 300 kilomètres de long sur 400 kilomètres de large, qui s'étire entre la cordillère des Andes et le Pacifique. C'est pourquoi les Chiliens sont fainéants : « Quand le pays s'étire, les habitants bâillent » (proverbe chilien).

Cette conformation grotesque du Chili fait qu'au même moment on cuit dans le Nord tandis qu'on se gèle les iglesias au Sud, dans les parages battus par les vents

ALORS, QU'EST-CE QUI VOUS AMÈNE CHER MONSIEUR ?
AH MOI, C'EST TOUJOURS LE MÉTRO
NON, JE VEUX DIRE QUELLE EST LA RAISON DE VOTRE VISITE ?
AH OUI EUH... EH BEN VOILÀ DOCTEUR, DEPUIS HIER SOIR JE ME RENDS COMPTE QUE JE M'EN FOUS COMPLÈTEMENT DES CHILIENS
MM..ÉGOCENTRISME ÉVIDENT, REPLI SUR SOI, NOMBRILISME CRÂNIEN, DÛ À UNE ENFANCE HEUREUSE ET ÉQUILIBRÉE. JE VAIS VOUS PRESCRIRE 349 PILULES CARTER, À PRENDRE EN UNE SEULE FOIS CHAQUE 15 ANS.
MAIS SURTOUT N'EN PARLEZ À PERSONNE

hystériques du sinistre cap Horn où je ne sais plus combien de marins brestois, combien de capitaines lorientais, qui partirent joyeux pour des courses lointaines, périrent aplatis contre le tristement fameux « Rocher de la Crêpe bretonne ».

Les Chiliens du Sud sont brillants et délicats. Ce n'est pas eux qui sortiraient leur bite pendant l'Élévation. En revanche, les Chiliens du Nord n'ont même pas de gourmette, et l'ampleur de leur sottise est incommensurable.

A part ça, le Chili possède un magnifique cheptel ovin de 9,9 millions de têtes. Les moutons chiliens se caractérisent par la longueur inhabituelle de leur museau et la densité de leur laine, deux détails qui permettent de les distinguer à coup sûr de la nouvelle poêle Tefal à double revêtement Teflon qui dure deux fois plus longtemps qu'un papier toilette ordinaire.

Le Chili est le premier pays producteur de papier journal d'Amérique du Sud. C'est un très beau papier, très fin, souple à la caresse, et d'un magnifique blanc laiteux. Quand on écrit dessus « Pinochet est un con », il redevient tout blanc avant même d'arriver au kiosque. C'est un miracle.

Cela dit, c'est grâce à Pinochet que l'inflation a diminué de 380 % à 33 % en quatre ans, et tant que la misère effroyable et les tortures abominables ne touchent pas les riches, qui s'en plaindrait ?

En résumé, on peut dire que, sous des dehors bourrus, les tyrans cachent un cœur assez sec.

LES SINGAPOURIS

Les Singapouris sont appelés ainsi parce qu'ils ne sont pas frais, à cause de l'équateur qui passe souvent par Singapour où son empreinte torride moisit sur pied sauf les culs-de-jatte, ça va de soi.

Merci, Georges.

Détail curieux, Singapour est une île. C'est un détail, mais est-il curieux, direz-vous ?

Non. Ce qui est curieux, c'est que Singapour est une île reliée au continent par un pont, comme Noirmoutier, par exemple. J'en ris encore.

Le pont qui relie Singapour au continent s'appelle :

a) Pont de Singapour

b) Pont de l'Ascension

c) Gérard.

Vos réponses doivent nous parvenir le 30 novembre avant minuit, le cachet de la poste faisant « tonk, tonk, tonk » sur une table en fer, ou « flouf, flouf, flouf » sur un sous-main moelleux.

La majorité de la population de Singapour est anglophone, c'est-à-dire qu'elle parle dans les coins, qui sont

NOUS CONNAISSONS TOUS LE FAMEUX PROVERBE CORÉEN: "VENTRE AFFAMÉ N'A POINT D'OREILLES"
VOYONS SI ÇA MARCHE SUR UN FAKIR DE SINGAPOUR QUI FAIT LA GRÈVE DE LA FAIM
VENTRE AFFAMÉ N'A POINT D'OREILLES
GRÈVE DE LA FAIM
TA FEMME EST UNE PUTE, VIEUX DÉBILE, ORDURE
IL A DÛ MANGER EN CACHETTE

fort nombreux dans l'île où la densité de la population dépasse 4 000 habitants au kilomètre carré malgré les protestations des golfeurs. La minorité non anglophone ne peut évidemment pas parler dans les coins, mais elle écoute dans les angles. Ça compense.

Singapour est une république à régime parlementaire semi-autoritaire (une demi-carotte, un demi-coup de bâton, etc.). Le président de la République est élu pour quatre ans par l'assemblée, qui est elle-même élue pour cinq ans par les cons, comme ici. L'actuel président singapouri, dont le nom ne figure pas encore dans le *Who's Who* bougnoule de cette année, succède à M. Benjamin Henry Seares qui mourut le 12 mai dernier dans des circonstances non encore éclaircies à ce jour. On a même parlé de suicide. Apprenant l'élection de François Mitterrand, le 10, il aurait dit à sa femme : « J'aime mieux mourir plutôt que de savoir que Fillioud va brouiller RFM à l'automne. »

Le nouveau métro sous-marin de Singapour sera inauguré prochainement par le Premier ministre, M. Lee Kouan You, qui fut tout d'abord hostile au projet, mais qui a beaucoup changé à Châtelet.

LES CORÉENS

La Corée est appelée ainsi pour que nous ne la confondions pas avec les couilles, qui sont deux elles aussi, mais qui vivent plutôt en bonne harmonie malgré la légère différence de latitude.

Les deux Corées sont la Corée du Nord, qui est au nord, et la Corée du Sud, qui est en dessous. En fait, oserai-je l'avouer, les deux Corées se touchent.

Jusqu'en 1946, les Coréens du Nord et du Sud vivaient en bonne intelligence. Mais, dès l'été 1947, l'atmosphère s'est tendue progressivement à cause de la victoire controversée de Jean Robic dans le Tour de France cette année-là. C'est en tout cas la thèse soutenue par Henri Fizbin dont, il faut bien le dire, la raison vacille de plus en plus depuis son éviction du Parti communiste. Je l'ai croisé hier place du Colonel. Pas bien. Je le précise à l'intention des éventuels lecteurs imbéciles ou socialistes, la situation d'un communiste évincé est intolérable dans la mesure où elle le met brusquement en état de manque. Privé de son parti, le communiste s'étiole, se racornit, tremble des pieds à la tête et grimpe aux rideaux en poussant des cris stridents tels que : « Georges, oh,

Georges, reprends-moi ! », sans préciser s'il s'agit de Marchais ou de Wolinski.

Bref, la situation devint tellement tendue qu'on aurait dit le zob du lion de la MGM lorgnant Bo Derek à ses ablutions dans *Tarzan homme tige*.

La guerre de Corée fut longue et massacrante, et je ne crache pas dessus, comme dirait Georges, celui qui n'est pas communiste, ça lui ferait encore plus mal aux reins. A la fin, on dressa entre les deux frontières belligérantes le fameux Bambou de la Honte, de part et d'autre duquel la situation est encore plus tendue qu'avant. On dirait la bistouquette d'Aragon quand il passe devant le buste de Lénine.

Les principales ressources de la Corée sont le riz, la pêche, le plomb, le zinc, et la banane qui est très pratique.

La capitale de la Corée du Nord s'appelle Pyong Yang, en hommage à Vasco de Pyong Yang.

La capitale de la Corée du Sud s'appelle Séoul. C'est une ville pimpante aux toits mordorés cernés d'hibiscus. Une curiosité : il n'y a pas de synagogue à Séoul. Autre curiosité : il n'y a pas de Juifs à Séoul.

Le roi de la Corée du Nord s'appelle Kim Il Sung. Il fait sa pub dans *Le Monde*. Le roi de la Corée du Sud a un nom à coucher dehors. Il adore les militaires. C'est d'ailleurs avec eux qu'il couche dehors.

LES ALBANAIS

L'Albanie est appelée ainsi en hommage à Albanus Ier, qui réunifia le pays au XIIe siècle, en même temps qu'il pacifia les provinces du Centre. Souverain juste et bon, il mit fin aux guerres de religion en pratiquant l'extermination systématique des croyants, qui fit environ deux millions de morts, en comptant les gaullistes et les Krishna.

Au centre de la place de la « Glorieuse Marche Victorieuse du Peuple de la Masse Prolétarienne » (ancienne place « La Bite » au temps de l'ancien régime dont les mœurs dissolues en dehors des liens sacrés du mariage activèrent la chute de l'empire), se dresse la statue en faux marbre du Réunificateur, récemment rebaptisée « statue d'Albanus Artificiel » après la récente visite du pape à Tirana, la capitale.

Les Albanais restent inconsolables depuis la mort de Staline en 1953. Moi-même, j'avoue que je refoule mal un sanglot furtif en évoquant cette grande figure dont la disparition m'a laissé sans ressort ; de même que celle d'Adolf Hitler qui me toucha d'encore plus près, dans la mesure où j'ai, dans ma propre famille, un cousin peintre syphilitique très occidental.

HEP M'SIEUR, QUELLE DIFFÉRENCE Y A-T-IL ENTRE UN KANGOUROU ALBANAIS, ET UNE CADILLAC AMÉRICAINE ? PFFFFFF...
JE M'EN FOUS COMPLETEMENT ET D'AILLEURS JE NE SAIS PAS
EH BEN ESSAYEZ DE VOUS ASSEOIR DANS UNE CADILLAC ET VOUS LE SAUREZ PFFF FF-FF-FF
MAIS NON C'EST LE CONTRAIRE IL EST CON LUI
AH OUI C'EST LE CONTRAIRE PFFF-FF...

Quand les Chinois cessèrent de célébrer le culte de Staline pour pouvoir jouer au ping-pong avec les Ricains, les Albanais se replièrent définitivement sur eux-mêmes dans leur couille[1].

Aujourd'hui, ils ne savent même pas que la Deuxième Guerre mondiale est finie et que la Troisième commencera dans les prochaines semaines si tout va bien et si le temps le permet.

L'Albanie occupe le cent quatrième rang dans le monde en ce qui concerne le PNB, mais elle est encore plus nulle pour le PMU dont les Albanais se repaissent de la chair (de cheval) au lieu de monter dessus en leur filant des coups de pompe dans le bide pour la Société d'Amélioration de la Race Chevaline.

En résumé, on peut dire que les Albanais sont le peuple le plus pauvre d'Europe. Certains ont un seul walkman, la plupart n'en ont pas du tout. Alors, s'il vous plaît, je vous en prie.

1. C'est une coquille.

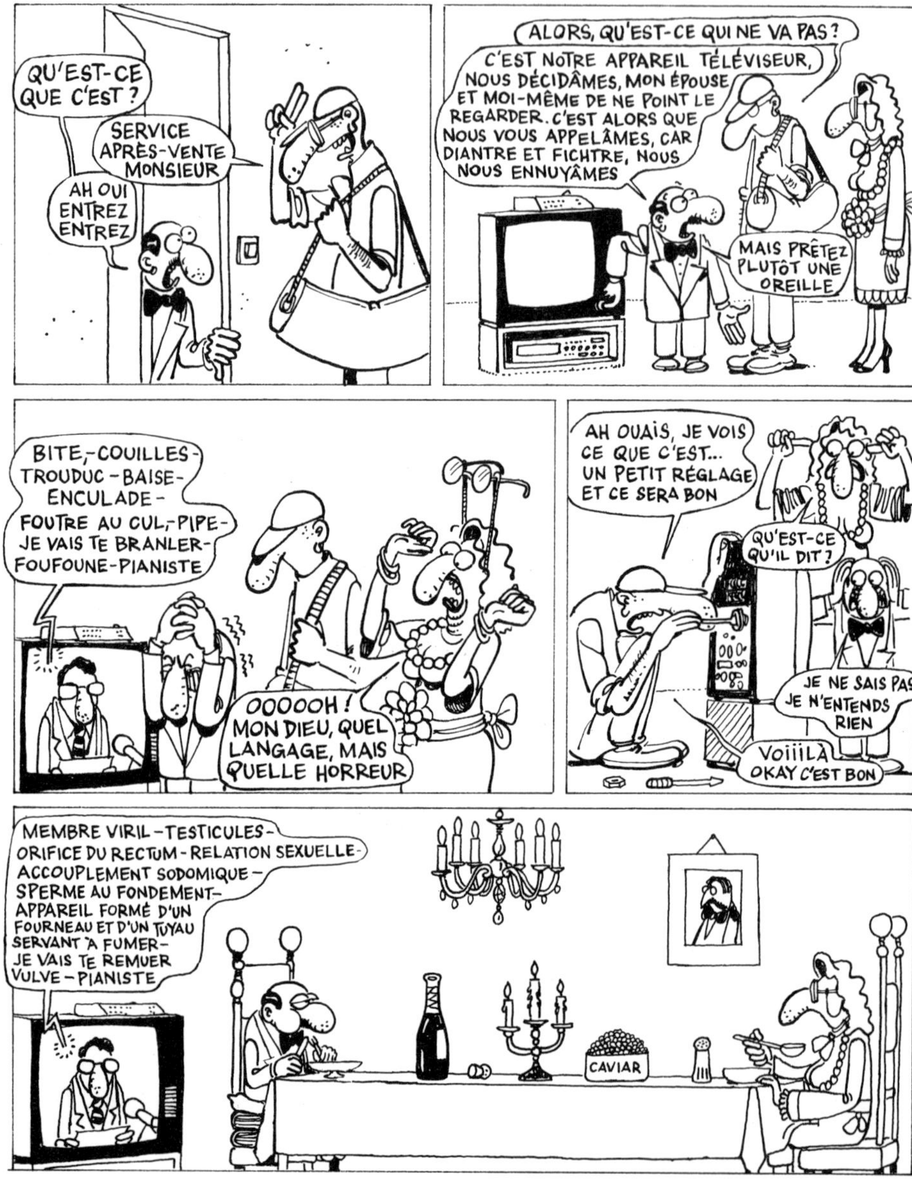
QU'EST-CE QUE C'EST ?
SERVICE APRÈS-VENTE MONSIEUR
AH OUI ENTREZ ENTREZ
ALORS, QU'EST-CE QUI NE VA PAS ?
C'EST NOTRE APPAREIL TÉLÉVISEUR, NOUS DÉCIDÂMES, MON ÉPOUSE ET MOI-MÊME DE NE POINT LE REGARDER. C'EST ALORS QUE NOUS VOUS APPELÂMES, CAR DIANTRE ET FICHTRE, NOUS NOUS ENNUYÂMES
MAIS PRÊTEZ PLUTÔT UNE OREILLE
BITE-COUILLES-TROUDUC-BAISE-ENCULADE-FOUTRE AU CUL-PIPE-JE VAIS TE BRANLER-FOUFOUNE-PIANISTE
OOOOOH ! MON DIEU, QUEL LANGAGE, MAIS QUELLE HORREUR
AH OUAIS, JE VOIS CE QUE C'EST... UN PETIT RÉGLAGE ET CE SERA BON
QU'EST-CE QU'IL DIT ?
JE NE SAIS PAS JE N'ENTENDS RIEN
VOIIILÀ OKAY C'EST BON
MEMBRE VIRIL-TESTICULES-ORIFICE DU RECTUM-RELATION SEXUELLE-ACCOUPLEMENT SODOMIQUE-SPERME AU FONDEMENT-APPAREIL FORMÉ D'UN FOURNEAU ET D'UN TUYAU SERVANT À FUMER-JE VAIS TE REMUER VULVE-PIANISTE
CAVIAR

LES FRANÇAIS

Le Français qui grattouille dans *France-Soir-Figaro* est nul.

Il a vu l'émission bruyante et pathétique que Polac a consacrée à la mort d'un hebdomadaire irrévérencieux.

Le journaliste de *France-Soir-Figaro* a trouvé cette émission ignoble, et répugnante, et odieuse, et son âme distinguée de chroniqueur des fœtus de Denise Fabre et des aventures du papa d'Iglesias s'est soulevée d'horreur en entendant des gros mots dans SA télé de SON salon pompeux. Et les poils de *sa* moquette ont frémi d'indignation sous cette avalanche de vulgarité, tellement inattendue à l'heure des Carpentier.

Le Français qui grattouille dans *France-Soir-Figaro*, le même qui fait sa « Une » du week-end sur les faux anus papaux, les courses de nains sur canassons ou Saint-Étienne-Moncul, en accordant trois lignes par an aux enfants du monde qui crèvent de nos excès de foie gras, ce Français-là et ceux qui le lisent réservent les mots d'ignoble, d'odieux, de salace et d'immonde aux colères télévisuelles éthylico-suicidaires des gens qui ont inventé le seul nouveau journal en France depuis *Je suis partout*. Le seul journal de France qui ne ressemble pas à *France-Soir-Figaro*.

Oui, le seul. Et ce n'est pas par hasard si ceux qui l'ont créé étaient aux premières loges pour participer à la seule émission de télé nouvelle en France depuis Louis-Philippe.

Les Français sont nuls. Pas tous. Pas mon crémier, qui veut voir la finale Le Pen-Marchais arbitrée par Polac à la salle Wagram, mais les Français coincés chafouins qui s'indignent parce qu'on a dit prout-prout-salope dans leur télé. Changez de chaîne, connards, c'est fait pour ça, les boutons. Quand vous voyez trois loubards tabasser une vieille à Strasbourg-Saint-Denis, vous regardez ailleurs. Eh bien, faites pareil quand il se passe vraiment quelque chose dans votre téléviseur. Regardez ailleurs. Regardez « Le grand échiquier ». C'est une émission où tout le monde s'aime, et Jean-Louis Barrault (qui fait très bien le cheval) congratule Jean Marais, qui l'embrasse, et qui congratule Silvia Monfort (qui fait très bien le cheval) et qui congratule Georges Descrières qui raconte quand Jouvet lui tirait l'oreille en disant : « Petit, tu iras loin. »

Ça va mal. Les Russes arrivent et je n'ai rien à me mettre, et Cavanna pointe à l'ANPE. C'est la fin du monde.

TABLE

Du même auteur

AUX MÊMES ÉDITIONS

Manuel de savoir-vivre
à l'usage des rustres et des malpolis
coll. « Point-Virgule », n° 1

Vivons heureux en attendant la mort
hors collection, 1983

Dictionnaire superflu
à l'usage de l'élite et des bien nantis
coll. « Point-Virgule », n° 31

Des femmes qui tombent
roman, 1985
coll. « Point-Virgule », n° 78

Chroniques de la haine ordinaire
coll. « Point-Virgule », n° 50
hors collection, 1991

Textes de scène
hors collection, 1988

Fonds de tiroir
hors collection, 1990

AUX ÉDITIONS RIVAGES

L'Almanach
1988

AUDIOVISUEL

Pierre Desproges au théâtre Fontaine
disque et cassette, à paraître
cassette vidéo, à paraître

Pierre Desproges au théâtre Grévin
disque et cassette, à paraître

Intégrale audio
à paraître

RÉALISATION : ATELIER PAO, ÉDITIONS DU SEUIL
IMPRESSION : MAME IMPRIMEURS, À TOURS (2-93)
DÉPÔT LÉGAL : NOVEMBRE 1992. N° 19135-6 (29674)